DISEÑA TU ESTRATEGIA PROFESIONAL

Las claves para un mejor futuro profesional

Por Maïlys Charlier

Traducido por Laura Soler Pinson

Coaching en50MINUTOS.es

DISEÑA TU ESTRATEGIA PROFESIONAL

- **¿Problemática?** ¿Cómo determino la planificación de mi carrera profesional y qué medios aplico para alcanzar mis objetivos?
- **¿Utilidad?** Desarrollar una estrategia profesional te permitirá saber hacia dónde orientar tu vida profesional para materializar tus proyectos.
- **¿Contexto?** Búsqueda de empleo, reorientación profesional, ascenso, gestión de las competencias, gestión de carrera.
- **¿Preguntas frecuentes?**
  - ¿Qué es una planificación de la carrera profesional?
  - Concretamente, ¿cómo puedo llevarla a cabo?
  - ¿Cuándo tengo que definir o revisar mi plan de carrera profesional?
  - ¿Qué herramientas me ayudarán a alcanzar mis objetivos profesionales?
  - ¿Cómo puedo aprender a conocerme mejor para elaborar una planificación profesional adaptada?
  - ¿Cómo desarrollo mi imagen profesional?
  - ¿Para qué me servirá mi currículo en mi estrategia profesional?
  - ¿Una estrategia profesional puede ayudarme a conseguir todos mis objetivos?

«¿Dónde te ves dentro de cinco años?»: ¿quién no ha tenido que enfrentarse a esta pregunta, ya sea en un proceso de contratación, en una entrevista anual o, simplemente, durante una cena con amigos? Si bien a menudo contestamos sin pensar demasiado, lo cierto es que no se trata de una pregunta fútil, sobre todo cuando se refiere al trabajo, ya que parte de nuestro bienestar depende de nuestro éxito profesional.

Y más aún cuando no resulta sencillo encontrar un trabajo adaptado a nuestras competencias, determinar qué profesión somos capaces de ejercer, progresar dentro de nuestra empresa o tomar la senda del éxito de nuestra trayectoria profesional. Todo esto exige reflexión y preparación. Además, la coyuntura económica actual apenas permite errores: los contratos indefinidos escasean y la oferta de puestos de trabajo no es muy elevada en relación con la marea de solicitantes de empleo.

¿Qué profesión encaja con tu perfil? ¿Cómo identificar tus competencias? ¿Cuál es tu objetivo profesional y cómo alcanzarlo? Resulta útil plantearse todas estas preguntas si estás contento con tu situación actual, pero a la vez deseas progresar rápidamente, si estás en un parón de tu vida profesional o si quieres orientar tu carrera hacia otra dirección. En cualquiera de estos casos, existen estrategias que puedes implementar para alcanzar tu objetivo. Al final, tu éxito profesional depende de tu gestión de carrera. En 50 minutos, este libro te guiará a través de las distintas etapas que deberás seguir para desarrollar tu estrategia profesional.

EL ABECÉ DE UNA CARRERA BIEN PLANIFICADA

¿CUÁL ES LA UTILIDAD DE LA PLANIFICACIÓN DE TRAYECTORIA PROFESIONAL?

¿No te sientes realizado en tu puesto actual? ¿Tienes la sensación de que no se reconoce lo suficiente tu buena labor? ¿Tienes competencias que no explotas en tu trabajo? ¿No lograr encontrar un empleo digno de tus conocimientos?

Hoy en día, es bastante habitual querer cambiar de puesto, ya sea porque el trabajo actual no nos corresponde o ya no encaja con nosotros, o porque no nos permite progresar dentro de la empresa. También existen otras razones que pueden influir: un ambiente cargado, la presión de la situación económica actual, contratos cortos, un sueldo poco atractivo o, incluso, las ganas de acumular experiencias, una motivación más común entre los jóvenes trabajadores. Por consiguiente, quizás va siendo hora de que hagas un balance de tu carrera y de que revises tu estrategia para alcanzar tus objetivos profesionales. A ello te puede ayudar el plan de carrera profesional. En efecto, al analizar tu personalidad y al elaborar un balance de tus competencias, de tus deseos y de tus necesidades, tendrás más herramientas para escoger en qué dirección quieres (re)orientar tu vida profesional.

«Tras haber sido conductora de camiones durante varios años, me vi obligada a dejar mi profesión a causa de una mala caída. Entonces, empecé una formación de logística con la oficina de desempleo de mi región para convertirme en agente de planificación. A continuación, encontré un trabajo en logística del hormigón en 2007 y, paralelamente, aprendí la profesión de chocolatera, por la que siento una auténtica pasión. Al principio, quería ejercerla como autónoma antes de lanzarme a tiempo completo en cuanto la chocolatería gozara de un auténtico éxito. Finalmente, en 2011 me despidieron de la compañía de hormigón. Así, decidí convertir mi pasión en mi profesión a tiempo completo antes de lo previsto y abrí mi chocolatería artesanal. Cuatro años después, tuve que mudar mi chocolatería a un local cuatro veces más grade. ¡Todo es posible!» (Rita, maestra chocolatera de La Chocolaterie du Haut Clocher).

CONSEJO

No pierdas de vista que un cambio de carrera (reciclaje, acceso a un puesto de responsabilidad, etc.) puede repercutir en tu vida privada. Si tienes un horario de trabajo clásico y optas por un puesto en el que tienes que ser flexible, tendrás que reorganizar tu vida privada. Lo mismo ocurre con el sueldo: podrías ganar menos que antes. Debes tener en cuenta todos estos factores cuando elaboras tu plan de carrera profesional. Recuerda que debes mirar el convenio colectivo por el que se rige el trabajo con el que sueñas para obtener información suplementaria.

ELABORAR TU PLANIFICACIÓN DE TRAYECTORIA PROFESIONAL

La estrategia profesional te permite ir de un punto A hasta un punto B aplicando medios concretos. Así, plantéate las tres preguntas fundamentales:

- ¿En qué punto estoy de mi carrera?
- ¿Hacia dónde quiero ir?
- ¿Qué hago para lograrlo?

Sin embargo, existen caminos muy diferentes. Por ejemplo, para Jean-Marie Peretti (profesor e investigador francés de recursos humanos, nacido en 1946), la planificación de la carrera profesional se construye a partir del siguiente cuestionario:

- ¿Qué puestos he ocupado?
- ¿Cómo equilibro mi vida profesional y mi vida privada?
- ¿A qué doy prioridad (empresa, puesto, ambiente, lugar, condiciones laborales, etc.)?
- ¿Cuáles son mis puntos fuertes para obtener un puesto? ¿Y mis puntos débiles?
- ¿Cómo me organizo para alcanzar mi objetivo?

Por su parte, los diversos autores de la obra *GRH. Une approche internationale* («Gestión de los recursos humanos. Un enfoque internacional») definen cinco etapas que debemos atravesar para determinar nuestra planificación de trayectoria profesional:

- analizar nuestro pasado profesional;

- analizar nuestras ambiciones, nuestras motivaciones y nuestro potencial;
- definir nuestras elecciones profesionales y de orientación;
- determinar los medios que tenemos a nuestra disposición;
- implementar una estrategia y un plan de acción para progresar y, de esta manera, lograr nuestros objetivos.

Identificar tus competencias

Se trata de la primera etapa para definir un plan de carrera profesional. El objetivo es que lleguemos a conocernos realmente en nuestro universo profesional y que señalemos nuestros valores, nuestros conocimientos y nuestras habilidades, es decir, todo aquellos que hayamos aprendido durante nuestros estudios, nuestras prácticas o nuestros puestos anteriores. Independientemente de si eres estudiante o empleado, haz un repaso del año que termina y anota todos tus logros, pormenorizando al máximo los detalles. Al ponerlo todo por escrito, tendrás perspectiva y podrás analizar tu perfil profesional más fácilmente. Estas reglas te ayudarán a identificar tus competencias:

- anota tu experiencia de manera detallada, especificando el título de la función y una descripción de las tareas;
- utiliza verbos de acción para enumerar tus cualidades (implementar, construir, preparar, dirigir, etc.);
- no pases por alto nada, incluso si un elemento o un conocimiento no te parece pertinente.

Por una parte, esto te permitirá determinar mejor el empleo que encaja con tu perfil y optimizar tu currículo, con lo que incrementarás tus posibilidades de llamar la atención de algún empleador. Por otra parte, desde un punto de vista más personal, también te ayudará a identificar las cualidades que te faltan para alcanzar tus objetivos profesionales.

Las anclas de carrera

Según Edgar Schein (nacido en 1928), profesor en el MIT Sloan School of Management (Massachussets, Estados Unidos), nuestras orientaciones profesionales vienen determinadas en función de varias «anclas de carrera», que son los valores personales en los que nos basamos a la hora de tomar elecciones en el ámbito profesional. Están conformadas por las competencias, las motivaciones, los principios y las actitudes que dan una dirección y una estabilidad a nuestra carrera y forman un hilo conductor. Identifica tus anclas (evidentemente, es posible tener varias) ayudándote del esquema de Schein; a continuación, te resultará más fácil elaborar una estrategia profesional y lanzarte a por un empleo que se ajuste a ti.

Las ocho anclas de Schein

Definir tus objetivos

Para determinar aquello a lo que aspiras en tu futuro profesional, elabora una lista con tus sueños, tus motivaciones profesionales, las profesiones que te atraen y las empresas que te interesan. A continuación, reúne estos datos e identifica qué puestos concretos podrían corresponderse en mayor medida con tus competencias y con tus valores personales.

Para definir objetivos realizables, plantéate preguntas bien específicas: ¿qué competencias buscan los empleadores para la profesión a la que quiero dedicarme? ¿Cuál es la tendencia económica del sector que me interesa? ¿Qué empresas necesitarían mis competencias? ¿En qué puesto me veo en diez años? ¿Cómo me gustaría que evolucionara mi carrera?

El método SMART permite definir fácil y eficazmente nuestros objetivos a corto y a largo plazo.

El método SMART

Específico (*Specific* en inglés)	Debes ser lo más preciso posible al enunciar un objetivo. Así, en lugar de «quiero ser el mejor informático», el objetivo que tendrás que alcanzar será «me gustaría ser capaz de crear una página web, gestionar un blog, elaborar un programa, etc.».
Medible	Debes ser consciente de tu progreso: «Antes de que acabe el mes, tengo que haber construido mi página web».
Accesible	Si sitúas el listón demasiado alto, te costará llegar a tu objetivo. Debes fijarte etapas, que irás superando una tras otra. Así, aumentarás tus posibilidades de éxito y mantendrás la motivación.
Realista	No mezcles tus sueños con la realidad. Encarnar al próximo Bill Gates va a resultar complicado, sin duda ninguna. Sin embargo, podrías convertirte en un especialista en informática reconocido desarrollando tus competencias en ese ámbito.
Temporal	Sin una fecha límite disminuirá la motivación y te resultará imposible determinar si has alcanzado el objetivo o no.

PEQUEÑO PLUS

Explora los sectores en crecimiento, donde pueden surgir próximamente nuevas profesiones o pueden desarrollarse nuevas funciones. Tendrás más posibilidades de alcanzar el éxito en estas áreas que en los sectores en los que la demanda supera con creces la oferta.

El aprendizaje permanente

En su artículo *Advice for the underemployed class of 2014* («Consejo para la clase subempleada de 2014»), Thomas Kochan (nacido en 1947), otro profesor de la MIT Sloan School of Management, desarrolla una serie de estrategias para optimizar nuestra trayectoria profesional.

- En primer lugar, aconseja que no desculdemos las competencias en las que sobresalimos y que seamos «agresivo[s] y creativo[s] en la expresión de [nuestros] talentos»[1] (Kochan 2014). Si tu trabajo actual no te permite explotarlas, mantenlas vivas de otra manera: si tienes una habilidad para redactar, escribe para ti durante tus horas libres; si te apasiona el diseño gráfico, propón tus servicios a amigos que podrían necesitarlos.
- El segundo punto que destaca Thomas Kochan tiene que ver con nuestra actitud en nuestro trabajo actual. En su opinión, es necesario que mostremos iniciativa y que nos superemos a nosotros mismos en el día a día. Así pues, no te ciñas a las tareas que se corresponden con tu puesto; propón tus servicios para otras labores, incluso si estas últimas exceden las funciones básicas de tu puesto.
- Para acabar, el profesor sugiere que continuemos enriqueciéndonos con nuevas competencias y que desarrollemos las que ya hemos adquirido. Considera que, vista la coyuntura económica actual, los trabajos ya no son tan estables como antes y, por lo tanto,

---

1. Cita traducida por 50Minutos.es

es preferible que garanticemos nuestro futuro y nos preparemos para las sorpresas desagradables siguiendo con nuestra formación. Thomas Kochan llega a proponer que nos interesemos por las profesiones de moda y que identifiquemos «la evolución tecnológica de [nuestra] profesión»[2] (Kochan 2014) para evitar quedarnos atrás en nuestro propio campo.

Tus competencias profesionales son una de las claves del éxito de tu carrera. Sin ellas, no tienes ningún valor a ojos de tus (posibles) empleadores. Por lo tanto, intenta cultivarlas a lo largo de toda tu vida profesional en función de tus objetivos. Por ejemplo, si aspiras a convertirte en mánager, resultará muy útil que aprendas a gestionar los conflictos o que desarrolles tu liderazgo. Una gama variada de formaciones, *coaching* y prácticas pueden ayudarte a reorientar tu carrera o a alcanzar tus objetivos profesionales. Los cursos MOOC (Massive Online Open Course) son ideales, ya que se trata de formaciones continuas a distancia. Existen para todos los ámbitos: desde la mercadotecnia hasta la contabilidad, pasando por el derecho. Existen igualmente otras formaciones que puedes seguir desde casa a través del aprendizaje virtual.

El método SPGC

El método SPGC (siglas en francés de «Estrategia Proactiva de Gestión de Carrera») también puede ayudarte. Esta estrategia, creada por Patrick Daymand, que posee una licenciatura en Ciencias de la Economía, propone un conjunto de

---

2. Cita traducida por 50Minutos.es

herramientas y de métodos operacionales cuyo objetivo es transformar nuestras competencias en creación de valores y permitir que alcancemos más fácil y eficazmente nuestros objetivos profesionales. El método consiste en proponer un proyecto pensado con detenimiento a una empresa que tenga los medios para materializarlo. En otras palabras, si sueñas con trabajar para una empresa determinada, busca cuál sería tu aporte y crea un proyecto para convencer a los empleadores de que eres vital para su compañía. Obtén información adicional sobre este método visitando su <u>página web</u> (en francés).

El *networking* o la red de contactos

Formar un agenda sólida y eficaz resulta fundamental para cualquier éxito profesional. En efecto, tener una red extensa y de calidad te permite comunicarte con las personas adecuadas para que tu carrera o tu proyecto avance. Para ello, dirígete a los especialistas de tu sector y date a conocer entre estos últimos. Participa en acontecimientos de *networking* relacionados con el área que te interesa (talleres, salones, seminarios, congresos); podrías conocer a personas que resulten beneficiosas para tu futuro. Infórmate con antelación acerca de quiénes participarán y quiénes están invitados, ya que esto favorecerá la interacción. A continuación te presentamos unos trucos que te ayudarán a desarrollar un *networking* eficaz:

- pregúntate con qué personas resultaría interesante entrar en contacto. A continuación, no dejes esos encuentros en manos del azar: establece un plan de acción;
- prepara una frase de presentación para empezar la con-

versación con cualquier persona;
* asegúrate de poder «venderte» en poco tiempo;
* mantente siempre positivo, seguro y sonriente;
* deja que tus interlocutores hablen, muestra interés, escúchalos y hazles preguntas;
* no dediques todo tu tiempo a la misma persona. Acorta el diálogo si es necesario, dale las gracias y pídele su tarjeta de visita para poder continuar con la interacción más adelante;
* mantén el contacto con las personas que has conocido dándoles las gracias por correo electrónico, interesándote por cómo les va o pidiéndoles información sobre un tema preciso;
* no descuides las redes sociales, en las que puedes anunciar que participas en un acontecimiento determinado y donde, a continuación, puedes publicar fotos, tuits y estatus sobre ello. Tampoco te olvides de reaccionar a las publicaciones de los demás.

> «Utilizo mucho el *networking* para desarrollar mi actividad, es un buen medio para promover mi chocolate y para conocer a posibles nuevos clientes. Participo cada año en el evento de la Cámara de Comercio e Industria y acudo con frecuencia a las actividades de las redes FAR, FCE (Mujeres Activas en Red y Mujeres Gerentes de Empresa respectivamente, por sus siglas en francés) y Diane (red de mujeres emprendedoras del organismo belga UCM)» (continuación del testimonio de Rita).

Las redes sociales

En la era de la hiperconectividad, las redes sociales desempeñan un papel fundamental en la evolución de nuestra trayectoria. Si todavía no has abierto una cuenta en LinkedIn, Twitter y Facebook (entre otros), es el momento de que corrijas la situación. No importa si lanzas un nuevo proyecto o si cambias de carrera: estas redes sociales se convertirán en grandes aliados.

- **LinkedIn**. Se trata del primero que debes tener en cuenta por su utilidad fundamental en el mundo laboral, ya que está dedicado específicamente a crear redes profesionales. Inscríbete en los grupos especializados en el sector que deseas y participa en los debates activos sobre temas que están relacionados con tu área de especialización. Además, mantén al día tu perfil: actualiza tus experiencias y tus competencias, ya que los futuros empleadores visitan con regularidad esta red social. También puede ayudarte a encontrar datos sobre posibles clientes o colaboradores.
- **Viadeo**. Esta red social es muy parecida a LinkedIn, ya que sobre todo se usa con un objetivo profesional y, al igual que ocurre con su contrincante, puede ayudarte a desarrollar tu *personal branding*, tu marca personal. En efecto, está repleta de posibles clientes y permite que te añadas a debates entre profesionales sobre un tema muy concreto.
- **Twitter**. Aunque también tiene su lugar, conviene tuitear con cabeza y no inundar esta red de información banal e inútil, ya que corres el riesgo de parecer descomedido y de perder credibilidad. Selecciona tus temas favoritos,

tuitea como mucho una o dos veces al día y utiliza tus etiquetas de forma pertinente. Además, muchas ofertas de empleo están disponibles en Twitter, así que no dudes en consultarlas. Para acabar, cuando acudes a un evento profesional, publica acerca de este tema y sigue a los especialistas invitados.

- **Facebook**. Aunque pertenece más al área del ocio, esta red social puede resultar igualmente útil para gestionar nuestra carrera. No solo podemos encontrar ofertas de empleo a diario, sino que también existen toda una serie de grupos o de páginas profesionales que podrían ayudarte. Para comunicar de forma eficaz a través de Facebook, empieza por crear una página oficial y compártela con el mayor número de internautas posible a través de tu página personal y de tus soportes de comunicación (página web, firma del correo electrónico, etc.). Háblale de ello a tu entorno, a tus amigos y a tus compañeros. Actualiza con frecuencia tu página publicando fotos y vídeos, comunícate con tus suscriptores y pídeles su opinión. Para no perderte y guardar suficiente material, elabora un calendario de publicaciones. Para cosechar un mayor número de «Me gusta», conecta tu cuenta Google+ (la red social de Google) con tu página de Facebook: la referencia del famoso motor de búsquedas te ayudará a ganar algunos fans.

en detalles cuando cuentes tu vida privada: correrías el riesgo de perder el control sobre tu imagen. Evita asimismo las imágenes comprometedoras, las opiniones políticas o los comentarios tendenciosos. Recuerda que las publicaciones demasiado comerciales no alcanzan el éxito esperado entre los utilizadores de Facebook. Opta por un enfoque más original, revestido de humor: los internautas se acordarán mucho más fácilmente.

El dominio de estas redes sociales puede impulsar una carrera, sobre todo permitiendo que:

- amplíes tu público y fidelices a tus clientes;
- se incremente el tráfico de visitas de tu página web (es decir, el número de personas que navega por ella);
- mejore tu visibilidad y, por lo tanto, ganes en notoriedad;
- se cree una auténtica comunidad en torno a un proyecto;
- tengas un mejor posicionamiento en los motores de búsqueda.

Pequeño plus

No basta con las redes sociales. Por lo tanto, no lo virtualices todo y no descuides las relaciones reales, ya que el cara a cara sigue siendo fundamental, sobre todo en el ámbito profesional. Así, ten siempre a mano tarjetas de visita para distribuirlas si conoces a alguien nuevo. Cuidado, primero entabla la conversación de manera anodina para que tu conducta no parezca demasiado agresiva.

La marca personal

Para desarrollar una trayectoria profesional productiva, es necesario que construyamos nuestra marca personal y que la cuidemos a lo largo de nuestra vida profesional. Si quieres alcanzar el éxito, tendrás que destacar y, por lo tanto, darle valor a tu imagen: esto es lo que propone el *personal branding*. Este concepto, que en 1997 evoca por primera vez Tom Peters (especialista de gestión y autor estadounidense, nacido en 1942), trata de que nos transformemos a nosotros mismos en un auténtico objeto de mercadotecnia. Para ello, debes fijar tu identidad visual resaltando tu diferencia.

Una vez que has efectuado esta etapa, debes promover tu marca personal en tu currículo, en tu página web, en tu Twitter/Facebook, etc., en tu blog o, incluso, en tu tarjeta de visita. Aconsejamos especialmente que tengas un blog, ya que en él podrías desarrollar y valorizar completamente tu imagen. Sin embargo, una marca personal también se construye en la vida real, a través de las interacciones. Por lo tanto, mantén el mismo discurso con toda la gente que conoces en las conferencias, en las formaciones, etc., y reparte aquí y allá alguna que otra tarjeta de visita.

LOS MEJORES CONSEJOS

- **Plantéate las buenas preguntas**. ¿Quién eres? ¿En qué sector quieres evolucionar? ¿Cuáles son tus puntos fuertes y tus puntos débiles? ¿Qué posibilidades tienes? ¿Cuáles son tus miedos? ¿Cómo ves el futuro? ¿Cuáles son las misiones y las tareas de tu puesto actual? ¿Cuáles son tus objetivos a corto y a largo plazo? ¿Cómo alcanzarlos? ¿Cuáles son tus prioridades? ¿Cómo equilibrar tu vida profesional y tu vida privada? ¿Cuál es tu puesto ideal? ¿Tienes las competencias exigidas para ello? Conocerse bien es esencial para evitar los errores de orientación.
- **Elabora tu plan de carrera profesional con la mayor brevedad posible**. Esto te ayudará a arrojar un poco más de luz en tu evolución profesional y a tomar las decisiones correctas en el momento oportuno. Por supuesto, podrás readaptarla si tus objetivos cambian.
- **Acumula experiencias**. Así, desarrollarás nuevas cualificaciones. Para ello, existen varias opciones: cambiar de puesto periódicamente (de dos a cuatro años) dentro de la misma empresa, implicarte en misiones poco habituales o, incluso, aceptar un empleo en una empresa diferente (en cuanto al área, a los clientes, al tamaño, etc.).
- **Elabora un portafolios**. Algunas profesiones o áreas de específicas, como el modelado o la fotografía obligan a contar con esta herramienta, y esto podría aplicarse a otros sectores. Recopila tus documentos profesionales para tomar perspectiva sobre tus competencias y para tener a mano un ejemplo de tus habilidades.
- **Infórmate constantemente**. Poco importa cómo y

dónde (prensa, redes sociales, etc.), pero obtener información cada día sobre la profesión y sobre el sector resulta fundamental para mantenernos al tanto de las últimas innovaciones y no quedarnos atrás.

- **Busca una formación que encaje contigo**. Existen varias formaciones que te ayudarán a desarrollar un plan de carrera profesional que se adapte a tus necesidades. Otras te permitirán adquirir competencias que podrás usar para más adelante en tu carrera. No olvides resaltar estos aprendizajes en tu currículo.
- **No pases por alto las prácticas**. Aunque trabajar gratis no es agradable ni siempre posible, unas prácticas te aportarán unas habilidades y una experiencia que te resultará útil para los siguientes pasos en tu carrera. Además, puede brindarte bonitas oportunidades e, incluso, desembocar en un contrato indefinido. Por último, podrás añadir algunos contactos valiosos a tu agenda.
- **Cultiva todas tus experiencias**. No importa si se trata de contratos cortos o de empleos temporales: cada experiencia te aporta competencias que debes saber presentar en tu currículo, en tu carta de presentación, en tu página web o, incluso, de manera oral, durante una entrevista. Asimismo, una habilidad adquirida en tu vida privada puede ser una baza. Basta con encontrar la manera adecuada de formularla para que puedas mencionarla.
- **Evita saltar de un trabajo a otro**. Si no dejas de marcharte de un trabajo para aterrizar en otro, no te tomarás tu tiempo para adquirir nuevas competencias.

PREGUNTAS FRECUENTES

¿QUÉ ES UNA PLANIFICACIÓN DE LA CARRERA PROFESIONAL?

La planificación de la carrera profesional es un plan estratégico a largo plazo que consiste en anticipar tu evolución profesional. Te permitirá reorientar tu carrera o, simplemente, comenzarla gracias a la implementación de herramientas para alcanzar tus objetivos profesionales. Primero, tendrás que analizar tu identidad profesional (competencias, trayectoria, objetivos, etc.) antes de definir la estrategia profesional que encaja con tu perfil.

CONCRETAMENTE, ¿CÓMO PUEDO LLEVARLA A CABO?

Una estrategia profesional debe construirse metódicamente para evitar que estemos abocados al fracaso desde el principio. Por consiguiente, ejecuta las etapas que se recogen en el siguiente esquema:

Las etapas para elaborar tu estrategia profesional

Imponte
fechas
límite.

Crea tu marca
personal
con ayuda
de distintas
herramientas.

Implementa
un *networking* adaptado.

Establece una planificación de
trayectoria de tu carrera profesional
relacionada con tus competencias, tus
objetivos y tu proyecto profesional.

Realiza el balance de tus competencias y de
tus objetivos para fijar tu proyecto profesional

Identifica tu personalidad.
(¿Cuáles son tus motivaciones, tus valores,
tus cualidades y tus objetivos?)

Identifica tu pasado profesional.
(¿Cuáles son tus competencias, tus experiencias y tus logros?)

¿CUÁNDO TENGO QUE DEFINIR O REVISAR MI PLAN DE CARRERA PROFESIONAL?

- Cuando acabas tus estudios y llega la hora de buscar un trabajo, empezar por elaborar un plan de carrera profesional —que, seguramente, sufrirá muchas modificaciones con el paso del tiempo— constituye una estrategia acertada. Así, evitarás perder demasiado tiempo y energía presentando tu candidatura para funciones que no encajan contigo.

- Si ocupas un puesto que ya no se corresponde contigo desde hace un cierto tiempo, si no te sientes realizado o si sientes que te falta algo, es hora de revisar tu plan de carrera profesional y de cambiar de rumbo.

¿QUÉ HERRAMIENTAS ME AYUDARÁN A ALCANZAR MIS OBJETIVOS PROFESIONALES?

El *networking* o la red profesional es una manera de crear contactos y una red en torno a tu ámbito laboral. Para ampliar tu lista de conocidos, participa en acontecimientos vinculados con tu profesión (talleres, salones, congresos, etc.), reúnete con las personas clave, distribuye tarjetas de visita, busca interactuar con posibles colaboradores (proveedores, comerciales, clientes, patrocinadores, etc.) y mantente activo en las redes sociales. Estas pueden ayudarte a encontrar un trabajo o a consolidar tu carrera, sobre todo LinkedIn y Viadeo, que son redes más centradas en el ámbito profesional. Gracias a ellas, podrás crearte una imagen de marca. Si publicas contenidos de calidad, incrementas tus posibilidades de disfrutar de un efecto viral y, por lo tanto, de llegar al mayor número de personas posible para aumentar tu reputación.

¿CÓMO PUEDO APRENDER A CONOCERME MEJOR PARA ELABORAR UNA PLANIFICACIÓN PROFESIONAL ADAPTADA?

Algunos cuestionarios, como el test COQ («Cómo-Dónde-Qué», por sus siglas en francés) y el indicador de tipo de Myers-Briggs, pueden ayudarte a ello. El primero es útil en el marco de una búsqueda de empleo, para saber si tu método es el idóneo y es eficaz. El segundo se centra más en ti y te ayudará a determinar tu perfil profesional, tus rasgos de carácter principales, tus puntos débiles y tus puntos fuertes. ¡Puedes encontrarlos en la sección «¡Ahora es tu turno!» y ponte a prueba!

¿CÓMO DESARROLLO MI IMAGEN PROFESIONAL?

Para desarrollar adecuadamente tu imagen de marca y confirmarla, lo primero que debes hacer es aprender a conocerte bien, identificando todas tus competencias y definiendo tus objetivos. Cuando hayas acabado, te resultará más fácil crearte una identidad visual que encaje contigo y que te diferenciará de tus competidores. A continuación, debes transmitirla a través de todas las herramientas que tengas a tu disposición: redes sociales, *networking*, tarjetas de visita, blog, página web, durante conferencias, formaciones u otros eventos. Ante todo, lo que debe primar para que una imagen de marca sea eficaz es la autenticidad. Tus interlocutores tendrán más confianza en ti si no te presentas como la persona perfecta.

¿PARA QUÉ ME SERVIRÁ MI CURRÍCULO EN MI ESTRATEGIA PROFESIONAL?

No debes infravalorar el currículo como herramienta: es tu pasaporte profesional y acredita tus experiencias y tus competencias. Debido a que se encuentra en permanente cambio, tienes que actualizarlo constantemente y adaptarlo para el puesto al que aspiras. Para tener el currículo ideal para el trabajo anhelado, ponte en el lugar de tu futuro empleador y pregúntate cuáles son las competencias y las cualidades que busca. Pon de relieve las que se acercan más a la función deseada. Sin embargo, si tu nueva carrera es muy diferente de tus experiencias anteriores, menciónalo al principio de tu currículo y explica qué te anima a cambiar de trayectoria. Intenta que sea diferente para llamar la atención de tu futuro empleador, pero siempre respetando el patrón (tus datos de contacto, tus títulos, tu experiencia, tus competencias) y resumiendo al máximo. No pases por alto ninguna formación o experiencia profesional, ya que cada una se corresponde con un panel de cualidades y de competencias, esenciales para el futuro empleador.

¿UNA ESTRATEGIA PROFESIONAL PUEDE AYUDARME A CONSEGUIR TODOS MIS OBJETIVOS?

Una buena estrategia profesional te ayudará a acercarte a tus objetivos y te permitirá utilizar las herramientas adecuadas para alcanzarlos. Después de esto, ¡está en tus manos trabajar para hacerlos realidad!

¡AHORA ES TU TURNO!

LAS FICHAS DE COMPETENCIA

Para determinar más fácilmente tus competencias y saber hacia dónde orientar los próximos pasos de tu carrera, redacta fichas para cada experiencia (práctica, formación, trabajo de estudiante) y cada empleo desempeñado. Si te has quedado durante mucho tiempo en el mismo lugar pero has ocupado distintos puestos, crea una ficha para cada uno. Anota en ellas lo que has aprendido (conocimientos, competencias técnicas u otras) y tus responsabilidades. Utiliza este sistema de fichas para tus actividades personales (deporte, ocio) y añade las cualidades necesarias para estas ocupaciones. Este ejercicio te permitirá responder a varias preguntas: ¿en qué profesión es útil mi habilidad? ¿Para qué función? ¿Qué tipo de empresa podría necesitarme? ¿En qué puesto destacaría?

EL TEST COQ

El test COQ consiste en tres preguntas simples:

- **¿Cómo?** ¿Qué técnicas utilizas cuando buscas trabajo? ¿Qué comportamiento adoptas durante una entrevista de trabajo? ¿Qué herramientas implementas para alcanzar tus objetivos?
- **¿Dónde?** ¿Qué profesiones piensas desempeñar durante tu carrera? Clasifícalas por función y por sector.
- **¿Qué?** Se trata de identificar tu habilidad, tus centros de interés y tu personalidad.

Este test, que también puedes realizar de manera gratuita en internet, te ayudará a comprobar hasta qué punto dominas las etapas para encontrar un trabajo (Cómo), cómo de clara está tu meta (Dónde) y tu aptitud para elaborar un balance de tu situación (Qué).

EL MBTI

El MBTI o test de Myers-Briggs es una herramienta de evaluación psicológica que determina tu perfil, tus puntos fuertes, tus debilidades y el tipo de profesiones o sectores que podrían encajar contigo. Está conformado por preguntas relacionadas con tu forma de ser, tu manera de actuar en tu vida privada o en tu trabajo. Debes elegir la propuesta que encaja más con tu perfil. Puedes matizarla con ayuda de las seis casillas: o te acercas más a una, o muestras una mayor tendencia hacia el otro lado. Puedes acceder fácilmente a derivados de este test de forma gratuita por internet, pero el único fiable es el editado por la página web OPP (en inglés). La siguiente tabla te da algunos ejemplos de propuestas, pero para obtener tu tipo psicológico, no dudes en acudir a las páginas web que te ofrecen este test.

Prefiero estar tranquilo y reflexionar en soledad.	0						Prefiero mantenerme activo e interactuar con la gente.
Prefiero pensar acerca de un nuevo tema en soledad, y después hacer partícipes a los demás de mi reflexión.							Prefiero conversar y debatir acerca de un nuevo tema en grupo.
Escucho la opinión de los demás para tomar mis decisiones.							Tomo mis decisiones sin consultar la opinión de los demás.
Me gusta conocer a nuevas personas.							Me gusta estar solo o con una persona a la que conozco bien.
No suelo confiarle mis pensamientos o mis sentimientos a los demás.							Evoco con facilidad mi pensamiento o mis sentimientos.
Hablo más que escucho.							Escucho más que hablo.

Prefiero los temas concretos o reales.							Prefiero los temas abstractos o teóricos.
Prefiero interesarme por el presente y por lo que ocurre.							Prefiero interesarme por el futuro y por lo que podría pasar.
Me baso en elementos comprobables para tomar mis decisiones.							Me baso en mis convicciones y en mis sentimientos para tomar mis decisiones.
Me considero una persona sensible.							Me considero una persona reflexiva.
Cuando surge un problema, me pregunto sobre todo si es real.							Cuando surge un problema, me pregunto sobre todo si es importante.
Me adapto al cambio y no me gusta cerrarme ninguna puerta.							Prefiero la constancia y saber de antemano qué pasará.

¡Tu opinión nos interesa!
¡Deja un comentario en la página web de tu librería en línea,
y comparte tus favoritos en las redes sociales!

PARA IR MÁS ALLÁ

FUENTES BIBLIOGRÁFICAS

- 1819. 2016. "Bien réseauter: comment faire?". *1819*. 4 de julio. Consultado el 19 de abril de 2017. http://www.1819.be/fr/marketing-vente-e-commerce/faire-de-la-promotion-et-la-publicite/bien-reseauter-comment-faire
- Alis, David, Charles-Herni Besseyre des Horts, Françoise Chevalier, Bruno Fabi, Jean-Marie Peretti. 2011. *GRH. Une approche internationale*. 3.ª ed. Lovaina la Nueva: De Boeck.
- ANPE. 2006. "Comment identifier ses savoir-faire et ses qualités". *Métiers du commerce*. Consultado el 19 de abril de 2017. http://www.metiersducommerce.fr/pdf/comment_identifier_ses_savoir-faire_et_qualites.pdf
- APCE. 2014. "Utiliser les réseaux sociaux pour communiquer et prospecter sur le web". Agosto. Consultado el 19 de abril de 2017. https://www.afecreation.fr/pid12268/les-reseaux-sociaux.html?espace=3
- CadresOnline, "Définir ses objectifs professionnels ou comment s'auto-évaluer en prenant du recul sur sa vie professionnelle". Consultado el 19 de abril de 2017. http://www.cadresonline.com/conseils/coaching/cv-lettres-entretiens/preparer-entretien-dembauche/detail/article/definir-ses-objectifs-professionnels-ou-comment-sauto-evaluer-en-prenant-du-recul-sur-sa-vie-prof.html
- Equipaje, "Ancres de carrière". Consultado el 19 de abril de 2017. http://www.equipaje.fr/fr/books/guide-de-lemploi-letranger/ancres-de-carriere

- Guérin, Olivier. 2012. "Valoriser son image tout au long de sa carrière, la stratégie gagnante". *Journal du Net.* 10 de julio. Consultado el 19 de abril de 2017. http://www.journaldunet.com/management/expert/51994/valoriser-son-image-tout-au-long-de-sa-carriere--la-strategie-gagnante.shtml
- Jobat. 2011. "Prêt à changer de carrière? Faites le point en 4 étapes". *Jobat.* 30 de enero. Consultado el 19 de abril de 2017. http://www.jobat.be/fr/articles/pret-a-changer-de-carriere-faites-le-point-en-4-etapes/
- Kochan, Thomas Anton. 2014. "Advice for the underemployed class of 2014". *Fortune.* 20 de mayo. Consultado el 19 de abril de 2017. http://fortune.com/2014/05/20/advice-for-the-underemployed-class-of-2014/
- Longour, Michèle. s.f. "Premier emploi: bien définir son objectif professionnel". *Réussir ma vie.* Consultado el 19 de abril de 2017. http://www.reussirmavie.net/Premier-emploi-bien-definir-son-objectif-professionnel_a1131.html
- Mon Incroyable Job, "Gestion de carrière selon Darwin, 'Mooc' et formation continue de chez soi", 2014. Consultado el 19 de abril de 2017. http://www.monincroyablejob.com/gestion-carriere-selon-darwin-mooc-formation-continue-chez-soi/
- Préaux, Céline. 2014. "Le networking pour les nuls: 10 astuces". *SudPresse.* 22 de agosto. Consultado el 19 de abril de 2017. http://hannut.blogs.sudinfo.be/archive/2014/08/22/le-networking-gestion-de-reseaux-pour-les-nuls-10-astuces-121294.html
- Qadeer, Susan. 2012. "Comment trouver un emploi? Quelques stratégies de carrière à l'intention des

nouveaux arrivants". *Etablissement*. Consultado el 19 de abril de 2017. http://etablissement.org/ontario/emploi/ trouver-un-emploi/recherche-d-emploi/comment-trouver-un-emploi-quelques-strategies-de-carriere-a-l-intention-des-nouveaux-arrivants/

- Reconversion professionnelle, "Réussir sa reconversion professionnelle". Consultado el 19 de abril de 2017. http://www.reconversionprofessionnelle.org/
- Stepstone. s.f. "Changement de carrière: comment donner une nouvelle orientation à votre carrière?". *Stepstone*. Consultado el 19 de abril de 2017. http:// www.stepstone.be/Conseils-de-Carriere/Trucs-astuces/ changement-de-carriere-comment-donner-une-nouve-lle-orientation-a-votre-carriere.cfm
- Talents-carrière, "Le bilan de stratégie de carrière". Consultado el 19 de abril de 2017. http://www.talents-ca-rriere.fr/prestations/bilan-strategie-de-carriere/

FUENTES COMPLEMENTARIAS

- Hoffman, Reid y Ben Casnocha. 2012. *Managez votre carrière comme une start-up*. París: Leduc.s Éditions.
- Fléron, Benjamin. 2015. *Comment développer sa marque personnelle? L'essentiel du personal branding*. Bruselas: Lemaitre Publishing.
- Fléron, Benjamin. 2016. *Saca partido del test Myers-Briggs. Las claves para usar el indicador MBTI de forma eficaz*. Traducido por Laura Bernal Martín. Bruselas: Plurilingua Publishing.
- Francis, Renée. 2016. *Cambia de trayectoria profesional. Las claves para reciclarse profesionalmente*. Traducido por

Laura Soler Pinson. Bruselas: Plurilingua Publishing.
* Rossignol, Rosa. 2012. *Gérer efficacement un départ.* París: Dunod.